Rekru-Tier
www.rekrutier.de

„Ziel ist es,
den Interessenten,
ähnlich wie beim Schach,
immer wieder
in eine für Sie vorteilhafte
Position zu bringen!"

Rekru-Tier
MLM Trickkiste

Guter Bulle, böser Bulle

Die Magie der zwei gegensätzlichen Emotionen

Inhalt

Vorwort

Liebe Networker, liebe Vertriebler,
bei unseren Recruiting-Tipps handelt es sich um über mehrere Jahre gesammelte Strategien und Vorgehensweisen, die wir allesamt persönlich und erfolgreich in der Praxis ausprobiert haben und von deren Gelingen wir fest überzeugt sind.

Sehen Sie unsere Ideen als Inspiration für Ihr eigenes Tun und lassen Sie sich mitreißen von neuen und erfrischenden Gedanken. Wir wissen mittlerweile aus eigener Erfahrung, dass beim Geschäftspartneraufbau in Vertrieb und MLM nicht nur Fleiß und Arbeit mittel- und langfristig zum Erfolg führen, sondern vor allem Fantasie und Vorstellungskraft sowie die Anwendung von neuen Strategien – manchmal auch von ungewöhnlichen und „bauernschlauen" Strategien!

Gerade beim Rekrutieren und Sponsern von neuen Partnern sind wir jeden Tag und immer wieder aufs Neue gefordert, denn es gibt unheimlich viele Variablen, die über Erfolg und Misserfolg entscheiden können. Der Grat zwischen Triumph und Niederlage ist ziemlich schmal, denn bei der Arbeit mit Menschen gibt es relativ wenige Standards.

Wer die Menschen von heute mit den Strategien von gestern oder gar vorgestern gewinnen will, wird relativ schnell an seine Grenzen kommen. Bleiben Sie deshalb ständig in Bewegung und entwickeln Sie sich mit!

Bitte beachten Sie Folgendes:
Was bei dem einen funktioniert, kann beim anderen wirkungslos bleiben.
Genau das macht das Gewinnen von neuen Geschäftspartnern so interessant und oftmals auch zu einer Herausforderung. Wir haben es bei Menschen immer wieder mit vollkommen verschiedenen Persönlichkeitstypen zu tun, Lebensumstände sind niemals gleich, Ort und Zeit einem schnellen Wandel unterlegen, und das, was gestern noch funktioniert hat, ist heute schon Schnee von gestern oder umgekehrt.

Deswegen müssen wir immer wieder „unsere Säge" schärfen, über den Tellerrand hinausblicken und vor allem in der Praxis TUN und ausprobieren, was zu uns passt!

Und es gibt noch einen sehr wichtigen Aspekt, vielleicht sogar den wichtigsten, den Sie sich bei Ihrer Arbeit immer wieder vor Augen halten müssen.

Beim Rekrutieren und Sponsern entscheidet nicht die angewandte Methode darüber, ob etwas funktioniert oder nicht, sondern der- oder diejenige, die sie kontinuierlich und mit Überzeugung anwendet.

Wir wünschen Ihnen von ganzem Herzen, dass Sie mit unserer Hilfe eine Recruiting-Strategie finden, die zu Ihnen passt, mit der Sie sich identifizieren können und die Sie erfolgreich im Tagesgeschäft anwenden werden!

Kontaktstark grüßt Sie Ihr REKRU-Tier
Tobias Schlosser

Intelligente Taktiken für Verkauf und Rekrutierung

Das Prinzip „Guter Bulle, böser Bulle" oder das „Einbeziehen einer höheren Instanz" bei der Verhandlung kann beim Rekrutieren oder Sponsern neuer Geschäftspartner sehr hilfreich sein.

Vielleicht haben Sie beim Verkauf eines Autos schon einmal folgende Erfahrung gemacht: Der Ankäufer versucht, den Preis wegen Bagatellschäden enorm nach unten zu drücken. Er hält sich intensiv mit Nichtigkeiten auf und versucht die ganze Zeit, Ihnen ein schlechtes Gewissen zu machen.

Hier muss man sich fragen, ob es Absicht ist, bei Ihnen ungute Gefühle hervorzurufen und Sie dadurch in eine ungünstigere Verhandlungsposition zu bringen.

Eventuell haben Sie auch folgendes Szenario schon erlebt: Sie bestellen irgendwo ein begehrtes Produkt, und man setzt Sie wegen mangelnder Verfügbarkeit auf eine Warteliste.

Haben Sie dann nach langer Wartezeit doch zu den „Auserwählten" gehört und das inzwischen teurer gewordene Produkt trotzdem gekauft?

Gier frisst Hirn!

Ist das etwa Taktik gewesen, um Ihre Begehrlichkeit für das Produkt enorm zu steigern und noch mehr Umsatz mit Ihnen zu machen?

Noch ein weiteres Beispiel möchte ich hier anführen. Haben Sie sich schon einmal mit Ihrer Lebenspartnerin eine Immobilie, ein Haus oder ein Grundstück angeschaut und festgestellt, dass genau in dem Moment am Preis nichts mehr zu rütteln war, in dem Ihre Partnerin das erste Mal *Wow, das ist ja ein tolles Anwesen, und der Garten ist echt zum Verlieben!* gerufen hat?

Hat es zufälligerweise zur Strategie des Immobilienverkäufers gehört, Ihrer Partnerin diese Aussage zu entlocken und die Konditionen damit unverhandelbar zu machen, den Preis dadurch möglicherweise sogar zu erhöhen?

Eventuell haben Sie aber auch schon einmal einen teuren Anzug/ein teures Kostüm gekauft, das Ihnen wie ein Schnäppchen vorkam, nur weil ein noch wesentlich teureres Kleidungsstück danebenhing.

Vielleicht war auch das kein Zufall, sondern Teil eines Plans, um Sie zu überzeugen und um in Ihnen den Einkaufsmodus zu aktivieren!

*Ich habe schon
sehr viel Geld
in meine Ausbildung
investiert!*

Ich für meinen Teil kann Ihnen sagen, dass mir das alles schon oft passiert ist, sehr oft sogar. Es gab eine Zeit, in der ich keine Ahnung von Psychologie und Kommunikation, geschweige denn von Verkauf oder Recruiting hatte, und damals habe ich diese Dinge gar nicht bewusst wahrgenommen. Ich war gewissen Mechanismen einfach blind ausgeliefert, genauso wie der Großteil von uns Menschen.

Ja, ich habe mein Auto total unter Wert verkauft, und ich habe Produkte teurer gekauft, als es notwendig gewesen wäre. Ich habe dies getan, weil ich dachte, dass ich zu einem auserwählten Kreis von „besonderen" Menschen gehören würde. Übrigens bin ich auch schon immer sehr anfällig für „Spezialangebote" gewesen, das heißt, die Gier hat sehr oft über meinen Verstand gesiegt, und dies passiert sogar heute noch. Der Unterschied ist allerdings, dass es heute ein wenig teurer wird als früher, wenn es mich wieder einmal packt!

Sie sehen also, dass bestimmte psychologische Mechanismen nahezu immer auf uns wirken und dass man sich, egal wie gut man darüber „Bescheid" weiß, deren Wirkung nur sehr schwer entziehen kann. Immer und überall ist man dem Spiel mit den Emotionen ausgeliefert. Dieses wird dazu eingesetzt,

Work smart, not hard!

uns etwas zu verkaufen, uns von etwas zu überzeugen oder einfach nur dazu, bessere oder schlechtere Konditionen mit uns auszuhandeln.

Warum sollten wir uns in MLM und Vertrieb nicht auch dieser intelligenten Taktiken bedienen, wenn wir damit noch schneller unsere Ziele erreichen, noch effektiver neue Geschäftspartner einschreiben können. Wir müssen uns die Arbeit schließlich nicht schwerer machen, als sie eigentlich ist.

Einer meiner Mentoren im Vertrieb hat immer gesagt: *Network-Marketing ist ein Geschäft mit Menschen, und man kann an und mit Menschen nahezu alles ausprobieren, um sie zu überzeugen!* Wie recht er doch hat.

Ich setze an dieser Stelle voraus, dass Ihr Vorhaben ehrenwert, Ihr Geschäft seriös und Ihre Absicht für beide Seiten gewinnbringend und vorteilhaft ist. Denken Sie bei allem, was Sie tun, immer daran, dass alles im Leben zurückkommt und ein gutes Geschäft immer nur dann eines ist, wenn beide Seiten davon profitieren!

Das Prinzip, welches ich Ihnen nachfolgend vorstelle, kann Ihre Arbeit als Networker enorm erleichtern.

Gerade beim Rekrutieren oder Sponsern neuer Partner, in schwierigen Abschlusssituationen oder auch bei der Führung von Geschäftspartnern kann und sollte man es zum Einsatz bringen.

Das Prinzip, von dem ich spreche, ist das Prinzip **„Guter Bulle, böser Bulle"** oder auch das **„Einbeziehen einer höheren Instanz"** bei der Verhandlung oder im persönlichen Sponsor-/Rekrutierungsgespräch.

Guter Bulle, böser Bulle: Beispiel Bewerbungsgespräch

Lassen Sie sich anhand eines kleinen Beispiels erklären, was ich damit meine!

Nehmen wir an, Sie sind gerade arbeitslos und brauchen unbedingt einen neuen Job. Ihr bester Freund ist sehr engagiert, will Ihnen helfen und macht Ihnen den Vorschlag, Sie seinem Chef vorzustellen, um Sie auch in dessen Firma unterzubringen.

Sie vereinbaren einen Termin, und das Bewerbungsgespräch findet im Beisein Ihres besten Freundes statt, weil dieser ja ein gutes Wörtchen für Sie bei seinem Chef eingelegt hat.

Das Gespräch läuft zunächst ganz gut, aber der Chef hat Bedenken.

Er sagt Ihnen, dass er Sie grundsätzlich mag, aber dass er erhebliche Zweifel habe, ob Sie geeignet seien, weil Sie nicht alle Qualifikationen für diese Tätigkeit mitbringen würden.

Sie erhalten eine Absage. Damit wird der Chef automatisch zum „bösen Bullen". Er stellt Sie infrage und erteilt Ihnen eine Abfuhr. (Psychologisch gesehen mögen Sie ihn jetzt nicht mehr so sehr ...)

Sie sind nach diesem Gespräch ein wenig geknickt, aber akzeptieren es. Was soll's!

Ihr bester Freund will sich jedoch mit diesem Ergebnis nicht abfinden und fängt an, mit dem Chef zu verhandeln: *Mensch, Chef, denken Sie doch bitte noch einmal nach ...!*
Er verkauft Sie als „tollen Typen" oder „tolles Mädel", welcher/e sehr lernwillig und einsatzbereit ist.
Ihr Freund agiert ab diesem Moment in der Rolle des „guten Bullen". Er unterstützt Sie und setzt sich für Sie ein. (Psychologisch gesehen mögen Sie ihn jetzt noch mehr.)

Der Chef zeigt sich aufgrund dessen ein wenig offener, lehnt aber immer noch ab. (Er ist „böse".)

Am übernächsten Tag eröffnet Ihnen Ihr Freund, dass er noch einmal mit dem Chef gesprochen habe (er ist „gut") und dass Sie großes Glück hätten. Der Chef sei bereit, ein zweites Mal mit Ihnen zu reden.

Bei dem zweiten Gespräch ist wiederum Ihr Freund dabei, der sich jetzt richtig ins Zeug legt. Er preist Sie bei seinem Chef wie „Warmbier" an und verbürgt sich sogar für Sie!

(Er ist jetzt nicht mehr nur der „gute Bulle", sondern Sie fühlen sich ihm gegenüber sogar emotional verpflichtet.)

Der Chef ist zunächst schwer zu überzeugen, stimmt letzten Endes aber doch zu und sagt Ihnen:

Wenn es nach mir gegangen wäre, hätte das wahrscheinlich nicht geklappt. Das haben Sie alles Ihrem Freund zu verdanken!

Ich gebe Ihnen den Job unter drei Bedingungen:

1) *Den Stundenlohn von 15,50 Euro kann ich Ihnen am Anfang noch nicht zahlen. Sie fangen mit 14 Euro an.*

2) *Die Überstunden werden in den ersten drei Monaten Probezeit nicht bezahlt.*

3) *Wenn ich Sie am Wochenende brauche, müssen Sie bereit sein, auch da einzuspringen.*

Was werden Sie nun tun? Richtig! Sie werden wahrscheinlich auf die Knie fallen und laut „Danke,

Danke, Danke" rufen, weil Sie im Vorfeld so hart gekämpft haben, weil Sie erst abgelehnt wurden und eigentlich schon aus dem Spiel raus waren und sich nun Ihrem Freund gegenüber emotional stark verpflichtet fühlen.

Aber wofür bedanken Sie sich eigentlich?

Sie sagen Danke dafür, dass Sie sich mit 1,50 Euro pro Stunde weniger zufriedengeben müssen, dass Sie am Wochenende arbeiten dürfen und Ihre Überstunden nicht bezahlt werden.

Herzlichen Glückwunsch!

Könnte es sein, dass Sie einer ganz cleveren Verhandlungstaktik zum Opfer gefallen sind? Nein, natürlich nicht!

Könnte es sein, dass Ihr bester Freund diesen Job nicht mehr machen wollte, weil er scharf auf eine Beförderung war und dringend Ersatz gebraucht wurde?

Könnte es sein, dass der Chef nur ein cleverer Unternehmer ist, der nicht unbedingt mehr für eine Arbeitskraft bezahlen möchte, als er es tatsächlich

muss, und dass er einfach nur versucht, den größt-
möglichen Nutzen aus Ihrer Arbeitskraft zu ziehen?

**_Schlecht ist nicht der, der einem anderen so we-
nig zahlt, sondern der, der für so wenig arbeitet!_**

Das alles könnte sein, aber das Beispiel, von dem
wir gerade gesprochen haben, kommt ja in der
Praxis glücklicherweise nicht so oft vor! Aber es
funktioniert ;-)!

Guter Bulle, böser Bulle: Beispiel Autoverkauf

Im Folgenden möchte ich ein Erlebnis schildern, bei dem ich selbst am eigenen Leib die Macht der Emotionen und eine clevere „Guter Bulle, böser Bulle"-Verhandlungstaktik zu spüren bekam.

Vor ein paar Jahren kam der Zeitpunkt, an dem ich mich wegen meines besseren Verdienstes im Vertrieb nach einem repräsentativeren Auto umgesehen habe.
Mein damaliges Traumauto war schnell gefunden. Nun musste ich bloß noch meinen „Alten" loswerden. Auch für diesen Wagen gab es schnell einen Interessenten. Ein guter Bekannter von mir hatte zufälligerweise einen Freund, der Autohändler war und sich den Wagen anschauen wollte.

Mein Bekannter lobte den Autohändler im Vorfeld als einen sehr seriösen Menschen, der ausnahmslos die besten Preise für gebrauchte Pkw in der Region bezahlen würde.

Er sagte mir, dass er einen sehr guten Draht zu ihm hätte und dass mit Sicherheit Top-Konditionen für mich herausspringen würden.

Entsprechend motiviert machte ich einen Termin mit dem Autohändler aus und fuhr zusammen mit meinem Bekannten hin. An dieser Stelle möchte ich noch kurz anmerken, dass mein Auto werkstattgepflegt, unfallfrei und bis auf ein paar kleinere Gebrauchsspuren aus meiner Sicht in einem einwandfreien Zustand war.

Da ich bis dato noch nie ein Auto selbst weiterverkauft hatte, nahm mich das, was ich nun erleben sollte, ziemlich mit und prägte mich fürs Leben.

Ich habe eine Menge in diesem Gespräch gelernt.

Kaum hatten wir die „Verkaufsbaracke" auf dem Autohof betreten, begrüßte mein Bekannter überschwänglich den Autoverkäufer, der uns keines Blickes würdigte und mit den Worten *Hab noch kurz zu tun, bin gleich da* begrüßte.

Aus „gleich" wurde immerhin eine Viertelstunde. Als er dann aus seiner Baracke herauskam, rief er laut: *Ach, ihr seid das mit dem alten Honda!*

Ab diesem Moment kam ich mir etwas komisch vor. Der Honda war aus meiner Sicht mit knapp vier Jahren noch nicht alt! Aber allein durch diese Aussage hatte ich selbst ein wenig das Gefühl, dass ich ein „altes" Auto weiterverkaufen wollte.

Ohne sich das Auto angesehen zu haben, fragte er: *Was willst du denn dafür haben?*

Ich hatte meine Preisvorstellungen, die ich vorher im Internet recherchiert hatte, noch nicht einmal fertig vorgetragen, da fiel er mir lachend ins Wort: *Haha, da kommen wir nicht zusammen! Der ist doch maximal noch die Hälfte wert!*

Bam, der hatte gesessen!

Ich war noch ziemlich geschockt von diesem ersten „Tiefschlag", da klinkte sich mein Bekannter ein und sagte: *Mensch, der Tobi ist ein guter Kumpel von mir, und außerdem ist der Wagen doch in einem guten Zustand!*
Die Antwort des Autohändlers war: *Na ja, das Baujahr ist im Moment sehr schwierig zu verkaufen, die stehen überall herum! Keiner will die haben! Außerdem ein Japaner!*

In diesem Moment verwies ich auf die gute Zusatzausstattung. Der Händler hatte aber nur Augen für die kleinen Gebrauchsspuren und moserte sehr intensiv an Kleinigkeiten herum, die ich für total unwichtig hielt!

Er schlich wie ein Wolf um das Auto, schaute verächtlich und mit kritischem Blick auf Felgen, Reifen sowie kleinste Lackkratzer und stellte minimale Steinschläge an der Stoßstange fast wie einen Totalschaden dar!

Mein Bekannter sagte zu ihm:
Mensch, kannst du dem Tobi nicht ein wenig entgegenkommen, der hat den Wagen immer ordentlich gefahren, und ein Satz Winterreifen ist auch dabei!

So ging die ganze Sache 20 Minuten hin und her. Ich war inzwischen an einem Punkt angekommen, wo ich mich richtig schlecht fühlte, weil ich einen so „üblen Wagen" für so viel Geld verkaufen wollte.

Am Ende kam mir der Händler tatsächlich auf Bitten meines Bekannten noch um 1000 Euro entgegen und sagte, dass das definitiv sein letztes Angebot sei. Das war natürlich für mich absolut inakzeptabel, weil es immer noch circa 30 Prozent unter meinen Vorstellungen lag.

So kam es, dass ich etwas enttäuscht und mit schlechtem Gewissen den Autoplatz verließ!

Und wenn du denkst, es
geht nicht mehr,
da kommt von
irgendwo
ein Lichtlein her!

Am Abend bekam ich allerdings überraschenderweise einen Anruf von meinem Bekannten, der mir sagte, dass er noch einmal mit dem Autohändler telefoniert habe und dass es gute Nachrichten gebe.
Er sagte, es gebe wohl zufälligerweise einen Interessenten, der bereit sei, den Wagen zu nehmen. Wir sollten morgen Nachmittag um 17 Uhr noch einmal vorbeikommen.

Am nächsten Tag waren wir um 17 Uhr pünktlich auf dem Autohof. Allerdings teilte uns der Autohändler gleich zur Begrüßung enttäuscht mit, dass der Interessent vor zehn Minuten abgesagt habe.

Ich fühlte mich wie heiß und kalt geduscht. Die Enttäuschung war mir wahrscheinlich ins Gesicht geschrieben. Ich wollte schon wieder verschwinden, als tatsächlich und für mich völlig unerwartet die rettende Nachricht kam.

Der Autohändler meinte, dass ich Glück habe, weil ich ein guter Kumpel meines Bekannten sei. Er sei deswegen bereit, noch einmal einen Tausender auf das Angebot von gestern draufzulegen.

Er sagte: *Auf mein Risiko nehme ich die Kiste, vielleicht lässt er sich ja noch ins Ausland verkaufen!*

Dann legte er das Geld auf den Tisch – cash! – und fragte: *Hast du den Fahrzeugbrief dabei?*

Ich weiß nicht, ob ich in diesem Moment etwas verblendet war oder einfach nur froh, nach so einem langen Kampf nun doch den Zuschlag erhalten zu haben … Ich weiß es nicht.

Auf alle Fälle willigte ich erleichtert ein, obwohl der Verkaufspreis immer noch circa 20 Prozent unter dem lag, was ich ursprünglich hatte haben wollen. Das Verrückte war, dass ich in diesem Moment der Meinung war, dass der Autohändler ein total entgegenkommender Typ sei und mein Bekannter der Retter in der Not!

Und das, obwohl ich nachweislich ein schlechtes Geschäft gemacht hatte. Doch das wurde mir erst wesentlich später bewusst!
Ich bin mir sicher, dass viele, die schon einmal ein Auto verkauft haben, sich in irgendeiner Weise in meiner Geschichte wiedererkennen.
Aus meiner Sicht ist diese Story ein perfektes Lehrstück über das gute Teamwork eines „guten" und eines „bösen Bullen"!

Anwendung der Strategie im Vertriebsalltag

Wie können Sie nun diese Taktik im Vertriebsalltag anwenden? Die „Guter Bulle, böser Bulle"-Strategie funktioniert meiner Erfahrung nach besonders gut im persönlichen Sponsor-/Rekrutierungsgespräch. Sie sollten dieses nicht alleine, sondern mit einem Kollegen oder Teampartner, vielleicht sogar mit Ihrer Führungskraft zusammen durchführen.

Die perfekte Ausgangssituation ist also ein Dreiergespräch mit dem Interessenten oder ein Gespräch, das zwischen Ihnen und dem Interessenten begonnen und in das eine dritte Person, nämlich der „böse Bulle", später einbezogen wird.

In diesem Gespräch sollte es so sein, dass von Beginn an die Rollen klar verteilt sind.
Aus meiner Sicht ergibt es Sinn, dass Sie als der „Anwerbende" den freundschaftlichen, kooperativen und emotional nahestehenden Part übernehmen. Sie sind in diesem Fall der Freund oder auch der „gute Bulle".

Ihr Kollege oder besser noch Ihre Führungskraft sollte eher den emotional etwas distanzierten, kri-

Ziel ist es,
den Interessenten,
ähnlich wie beim Schach,
immer wieder
in eine für Sie vorteil-
hafte Position zu
bringen!

tischeren, skeptischen, prüfenden, vielleicht sogar autoritären Part übernehmen.

Es ist egal, ob er beim Gespräch anwesend ist oder per Telefon (auch das ist möglich) später hinzugezogen wird. Er spielt in dieser Dreierkonstellation den „bösen Bullen".

An dieser Stelle möchte ich vorab darauf hinweisen, dass der „böse Bulle" zwar etwas zurückhaltender und skeptischer agieren darf, jedoch niemals unsympathisch auf den zu sponsernden Gesprächspartner wirken sollte. Er kann zwar etwas kritisch sein, um den Interessenten damit in den sogenannten „Bewerberstatus" zu bringen, sollte aber ein gutes Gespür dafür haben, dass die Stimmung im Gespräch immer positiv bleibt und dafür, dass sich die Person, die gesponsert werden soll, immer noch wohlfühlt.

Die Devise lautet: immer höflich, niemals arrogant!

Im Folgenden möchte ich eine Gesprächssituation konstruieren, wie sie in der Praxis ablaufen könnte.

Voraussetzung dafür ist, dass Sie das Sponsorgespräch in einem Büro oder in den Räumlichkeiten

Ihres Partnerunternehmens führen, das heißt, Sie laden den Interessenten zu sich ein!

Vor dem eigentlichen Gespräch, in dem Sie Markt, Firma, Produkt und Verdienst vorstellen, sollten Sie dem Interessenten sagen, dass es in dieser Unterhaltung darum geht, die wichtigsten Infos bezüglich der Geschäftsidee zu vermitteln. Die Entscheidung bezüglich einer Zusammenarbeit werde jedoch am Ende noch von Ihrem Ausbilder / einer Führungskraft mit getroffen.

Mit dieser Aussage setzen Sie schon einmal ein kleines Achtungzeichen. Dem Interessenten wird an dieser Stelle klar, dass nicht nur er eine Entscheidung bezüglich der Zusammenarbeit trifft, sondern noch eine weitere Person. Wenn diese Person zudem einen höheren Status hat, ist die Situation fast perfekt. Dem Interessenten wird klar: „Oh, da ist noch jemand, da sollte ich mich von meiner besten Seite zeigen!"

Stellen Sie möglichst zu Beginn des Gespräches die dritte Person kurz als „höhere Instanz" vor, die dem Gespräch beiwohnt, oder organisieren Sie Ihr Gespräch so, dass sich die dritte Person unmittelbar in der Nähe (z. B. Nachbarschreibtisch) aufhält.

🗨 Möglicher Wortlaut:

Ich erkläre Ihnen, in welchem Markt wir tätig sind, erläutere Ihnen die wichtigsten Kennzahlen zu unserem Partnerunternehmen, mit welchen Produkten wir arbeiten und natürlich, was man bei uns verdienen und beruflich / unternehmerisch erreichen kann!

Sie können für sich prüfen, ob das etwas für Sie ist, und ich überlege am Ende des Gespräches, ob Sie in unser Team passen würden.

Übrigens kann ich das nicht ganz allein entscheiden, mein Ausbilder / Kollege / meine Führungskraft Herr / Frau XY wird an dieser Stelle auch noch seine Meinung mit einbringen! Wenn das Gespräch für beide Seiten zufriedenstellend und positiv verläuft, dann machen wir Ihnen am Ende vielleicht ein sehr tolles geschäftliches Angebot! O. K.?

Wenn Sie nun die Punkte Markt, Firma und Produkt mit maximaler Begeisterung erklärt haben und dazu übergehen, den Verdienst, die Karriere und Zukunftsperspektiven zu erläutern, ergibt es durchaus Sinn, die dritte Person, nämlich den „bösen Bullen" ins Gespräch mit einzubeziehen und den zu sponsernden Kandidaten ein wenig auf den Prüfstand zu stellen!

🗨 Der „böse Bulle"
könnte zum Beispiel Folgendes anmerken und einige Fragen stellen:

Wir bei der Firma XYZ / in unserem Team legen besonders hohen Wert darauf, mit Geschäftspartnern zusammenzuarbeiten, die ein gutes Feeling im Umgang mit anderen Menschen und ein wenig organisatorisches Talent haben.

? *Ist Ihr Gespür im Umgang mit Menschen gut?*

? *Haben Sie organisatorisches Talent?*

? *Haben Sie denn bereits Erfahrung im Bereich der Teambetreuung / Teamorganisation / Teamführung?*

🗨 Oder:

Wir bei der Firma XYZ / in unserem Team legen besonders hohen Wert darauf, mit Geschäftspartnern zusammenzuarbeiten, die beruflich fest mit beiden Beinen im Leben stehen und schon einige Erfahrungen im Wirtschaftsleben gesammelt haben.

? *Welche Schulabschlüsse haben Sie gemacht?*

? *Haben Sie Abitur?*

? *Welche Berufsausbildungen haben Sie abgeschlossen?*

? *Welche beruflichen Erfahrungen haben Sie in den letzten Jahren gesammelt?*

💬 Oder:

Da in der freien Wirtschaft nachweislich mehr Geld dadurch verloren geht, dass Entscheidungen nicht getroffen werden, als durch falsche Entscheidungen, legen wir in unserem Team besonders großen Wert darauf, mit Geschäftspartnern zusammenzuarbeiten, die ein gutes Kommunikations- und Entscheidungsvermögen haben.

? Sind Sie ein guter Kommunikator?

? Sind Sie jemand, der schnell entscheiden kann, insbesondere, wenn es wichtige Entscheidungen sind?

💬 Oder:

Da in unserem Geschäft Mobilität und die Anwendung der „neuen Medien", z. B. Internet, eine große Rolle spielen, legen wir unter anderem auch Wert auf eine gute technische Ausrüstung unserer zukünftigen Geschäftspartner.

? *Haben Sie einen Führerschein und einen eigenen Pkw?*

? *Besitzen Sie ein Handy, einen PC beziehungsweise ein Notebook?*

💬 Oder:

Wir bei der Firma XYZ/in unserem Team legen besonders hohen Wert darauf, mit Geschäftspartnern zusammenzuarbeiten, die wirklich mit beiden Beinen fest im Leben stehen und bei denen absolut geordnete finanzielle Verhältnisse vorherrschen.

? *Ist Ihr Führungszeugnis ohne Eintrag?*

? *Ist die Schufa sauber?*

Durch solche oder ähnliche Fragen erreicht der „böse Bulle", dass der Interessent quasi wie in einem echten Bewerbungsgespräch ein wenig „Flagge zeigen" muss und merkt, dass ein paar Kriterien zu erfüllen sind, um „dabei sein zu dürfen"!

Bitte machen Sie die Fragen ein wenig davon abhängig, welcher Typus Mensch vor Ihnen sitzt. Je konkreter und direkter die Fragen, desto größer ist auch die Wahrscheinlichkeit, dass es in Ihrer Unterhaltung zu Gesprächsblockaden kommen kann oder der Gesprächspartner tatsächlich mit Nein antwortet!

Für diejenigen unter Ihnen, die diese Fragen vielleicht ein bisschen zu direkt finden, möchte ich an dieser Stelle anmerken: Genau bei diesen Dingen geht „Geschäftsqualität" los!

Denken Sie daran, wer sein Geschäft auf ein „wackeliges Fundament" stellt, muss immer damit rechnen, dass sein Business wie ein morsches Häuschen im Sturm zusammenbricht! Qualitativ hochwertige Geschäftspartner (das sind alle, die Ihre Fragen zu Ihrer Zufriedenheit beantworten, bei denen finanziell alles „in Butter", das Führungszeugnis blütenweiß, der Leumund einwandfrei sowie Führungs- und Verkaufserfahrung vorhanden sind) bringen wiederum qualitativ hochwertige Partner ins Geschäft, die für stabilen Umsatz sorgen. Was qualitativ schlechtere Partner für Ihr Business bedeuten, das können Sie selbst an Ihren zehn Fingern abzählen …! Ich bin der Meinung, dass sich kein Unternehmer im Network-Marketing solche Partner leisten kann!

Nach dieser kurzen „Zwischenprüfung" kann nun wieder der „gute Bulle" das Gespräch übernehmen, um die letzten Punkte, nämlich den Verdienst, die

Ausbildung, mögliche Wettbewerbe/Incentives und die langfristige Businesschance MLM zu erklären.

💬 Möglicher Wortlaut:

Ich bin mir sicher, das bekommen wir zusammen hin! Ich habe ein richtig gutes Gefühl! Kommen wir nun zu den Verdienstmöglichkeiten, der Ausbildung und noch ein paar weiteren Dingen, die diese Tätigkeit so interessant machen!

💬 Oder:

Wir haben nämlich hoch gesteckte Ziele und wollen deswegen auch nur mit Leuten zusammenarbeiten, die unseren Vorstellungen entsprechen – und bei Ihnen/dir habe ich bezüglich einer Zusammenarbeit ein echt gutes Gefühl!

Durch diese Aussagen signalisieren Sie Ihrem Interessenten, dass Sie auf seiner Seite sind. Sie festigen die Position des „guten Bullen", bauen weiterhin positive Emotionen auf und bekunden an dieser Stelle schon Ihren Willen, ihn zu unterstützen …

PS.: Erinnern Sie sich an mein Erlebnis zu Beginn meiner Ausführungen? Denken Sie jetzt bitte einmal kurz an meinen Bekannten, der mich beim Verkauf meines Autos begleitet hat ;-)!

Wenn Sie die letzten Fakten erläutert und das Geschäftskonzept komplett erklärt haben, ist es wichtig, in der Abschlusssituation noch ein wenig mit den Emotionen zu spielen.

Eine mögliche Abschlussfrage Ihrerseits könnte zum Beispiel folgende sein:

Wenn Sie / du auf einer Skala von eins bis zehn (wobei zehn sehr großes Interesse bedeutet) Ihr / dein Feedback abgeben sollen / sollst, wo würden Sie / würdest du Ihr / dein Interesse an dieser Geschäftsidee einordnen?

Malen Sie in dieser Situation auf ein DIN-A4-Blatt eine Skala von eins bis zehn und reichen Sie Ihrem Interessenten einen Stift. Durch das eigenhändige Markieren auf dieser Skala bekennt sich Ihr Gesprächspartner schon in gewisser Weise zu einer Zusammenarbeit. Gleichzeitig erhalten Sie ein besseres Feeling dafür, ob Ihre Message im Gespräch herübergekommen ist oder auch nicht.
Sie können davon ausgehen, dass kaum ein Interessent eine Zehn oder Neun vergibt, das ist wirklich selten. Meistens machen Interessenten Ihre Markierung bei sechs, sieben oder acht, manche aber auch unter fünf!

An Ihrer Stelle würde ich das Ergebnis folgendermaßen deuten: Bei einer Markierung ab fünf aufwärts können Sie davon ausgehen, dass Interesse an einer Zusammenarbeit vorhanden ist, bei einer Markierung unter fünf ist zu vermuten, dass Sie den Interessenten nicht erreicht haben oder noch Zweifel und Bedenken seinerseits bezüglich einer Zusammenarbeit vorhanden sind.

Ihre Antwort, nachdem Ihr Gesprächspartner sein Feedback abgegeben hat, könnte so lauten:

Das finde ich klasse. Ich habe mir schon gedacht, dass Sie sich/du dich für eine Sechs (oder welche Zahl auch immer) *entscheiden/entscheidest. Welche Informationen bezüglich dieser Geschäftsidee haben Ihnen/dir denn besonders gefallen!*
Oder: *Welche Punkte gefallen Ihnen/dir denn besonders an dieser Geschäftsidee/diesem Job?*

Wenn Sie den Interessenten am Ende des Gespräches fragen, was ihm besonders gut gefallen hat, wird er/sie Ihnen wahrscheinlich auch seine favorisierten Punkte nennen. Man könnte auch sagen, er verkauft sich die Geschäftsidee durch seine Antworten selbst. Achten Sie bitte nun darauf, den Interessenten genau in seinen Aussagen zu bestätigen!

💬 Beispiel:

Wenn seine Antwort ist: *Der Verdienst hat mir gut gefallen,* dann sagen Sie bitte: *Das finde ich toll. Genau deswegen entscheiden sich die meisten unserer Partner genau wie Sie/du für diese Geschäftsidee.*

💬 Oder:

Die freie Zeiteinteilung gefällt mir am besten, dann sagen Sie: *Das finde ich super. Wegen der freien Zeiteinteilung entscheiden sich die meisten unserer Partner genau wie Sie/du für eine Zusammenarbeit.*

💬 Oder:

Die Ausbildung bzw. die Möglichkeit der Persönlichkeitsentwicklung gefällt mir am besten, dann sagen Sie: *Das finde ich klasse. Das sind genau die Punkte, wegen derer sich die meisten unserer Geschäftspartner für eine Zusammenarbeit entscheiden!*

Sie merken schon, es ist egal, was der Interessent sagt.

Bitte bestätigen Sie ihn durch Ihre suggestive Aussage in seiner Antwort und denken Sie in diesem Moment an die uralte Weisheit aus dem Verkauf:

Der Kunde hat immer recht!

Das eigene Kind ist immer noch das liebste!

Der Interessent ist in diesem Moment zwar nur ein Kunde im „weiteren Sinne", da Sie ja kein Produkt, sondern Ihre Geschäftsidee verkaufen, aber das Prinzip ist dasselbe!

Da die Wahrscheinlichkeit nun ziemlich hoch ist, dass das Gespräch einen zufriedenstellenden Ausgang nimmt, ist es an der Zeit, dass der „böse Bulle" noch einmal einen kurzen Auftritt zur „Endprüfung" der Situation hat. Er könnte abschließend ein kleines Resümee ziehen und folgende Fragen an den Interessenten stellen:

Also, lieber Herr XY / liebe Frau XY, was mir / uns besonders an Ihnen gefällt, ist … (Setzen Sie hier bitte die Stärken des Interessenten oder die Dinge ein, die Sie am meisten beeindruckt haben.) *Ich könnte mir tatsächlich gut vorstellen, dass wir persönlich und geschäftlich gut zusammenpassen! Eine Frage / ein paar kurze abschließende Fragen hätte ich allerdings noch.*

🗩 Mögliche Abschlussfragen:
Sagen Sie mal:

? *Gehören Sie zu den Menschen, die noch träumen können und Ziele im Leben haben?*

Schach!

? *Was sind denn Ihre größten Stärken, die Sie in eine Zusammenarbeit mit einbringen könnten?*

? *Wenn Sie jetzt an unserer Stelle wären und eine Entscheidung treffen sollten, würden Sie sich selbst für eine Zusammenarbeit vorschlagen?*

? *Sind Sie ein zuverlässiger Mensch?*

? *Wenn Sie sich selbst einmal kurz als Person charakterisieren müssten, wie würde Ihre Einschätzung ausfallen?*

? *Wenn Sie jetzt an meiner Stelle wären und Sie eine Entscheidung bezüglich einer Zusammenarbeit treffen müssten, wie würden Sie sich entscheiden?*

? *Würden Sie sich selbst einen Platz auf so einer Geschäftspräsentation / Infoveranstaltung geben?*

? *Mal abgesehen von den Fakten, die wir Ihnen erklärt haben, beruht unsere zukünftige Zusammenarbeit hauptsächlich auf menschlichen Kriterien wie Vertrauen und Sympathie! Können Sie sich grundsätzlich vorstellen, dass wir in Zukunft gemeinsam etwas auf die Beine stellen?*

Matt!

Wenn der „böse Bulle" diese Fragen als Abschluss-
fragen platziert, dann ist der Interessent quasi in
der Situation, endgültig „Farbe bekennen" zu müssen. Er wird in den meisten Fällen Antworten geben, in denen er sich möglichst positiv darstellt und
sich selbst mehr oder weniger für das Geschäft vor-
schlägt. Genau das ist doch die Situation, die Sie als
Networker gerne hätten.

Setzen Sie dem Gespräch genau in dem Moment, in
dem Ihr Interessent antwortet, den krönenden Abschluss auf, indem Sie dem Interessenten als „guter
Bulle" die Hand reichen und sagen:

Jetzt haben Sie/hast du uns endgültig überzeugt!
Herzlich willkommen im Team :-)!

Ein Handschlag hat etwas sehr Verbindliches und
wird in diesem Moment immer gerne erwidert …!

Sie können sich nach Abschluss sogar noch ein wenig mehr auf die Seite Ihres neuen Geschäftspart-
ners schlagen und Sympathiecredits sammeln, wenn
Sie anmerken:

Der Herr XY/die Frau XY (setzen Sie hier den Namen
des „bösen Bullen" ein) *ist immer ein wenig kritisch*

oder auch penibel, wenn es um neue Geschäftspartner geht, der … / die … möchte immer alles genau wissen und auf Nummer sicher gehen. Was mich betrifft, ich habe ein total gutes Gefühl bezüglich unserer zukünftigen Zusammenarbeit und kann mir sehr gut vorstellen, Sie / dich beim Erreichen Ihrer / deiner persönlichen Ziele zu unterstützen. Ich freue mich riesig auf unsere Zusammenarbeit!

Es gibt eine weitere Möglichkeit, die „Guter Bulle, böser Bulle"-Strategie anzuwenden.

Sie könnten zum Beispiel in der Abschlussphase eines Zweiergesprächs, das Sie zu Hause, in einem Café oder in einer Hotellobby mit einem Interessenten geführt haben, Ihre Führungskraft oder die „höhere Instanz" telefonisch kontaktieren. Das Grundmuster der Gesprächsführung läuft in diesem Fall genauso wie im vorherigen Beispiel. Gehen Sie hierbei folgendermaßen vor:

1) Kündigen Sie dem potenziellen Geschäftspartner schon vor Ihrer Unterhaltung an, dass Sie ein gemeinsames Informationsgespräch führen werden, die Entscheidung bezüglich einer Zusammenarbeit jedoch nicht alleine treffen werden / können.

2) Sagen Sie Ihrem Interessenten, dass Sie zwischendurch Ihre Führungskraft/Ihren Mentor/Ausbilder ("höhere Instanz") anrufen werden, um sich kurz mit ihm zu beraten bzw. um abzuklären, ob zum Beispiel noch Plätze auf der nächsten Geschäftspräsentation frei sind.

3) Telefonieren Sie nach der Hälfte des Gespräches mit Ihrer "höheren Instanz" und sagen Sie Ihrem Mentor, dass Sie einen ganz tollen, kompetenten, interessierten, einflussreichen, dynamischen (oder auch andere auf Ihren Bewerber passenden Eigenschaften) Interessenten im persönlichen Gespräch haben.
Fragen Sie, wie es mit Plätzen auf der Präsentation aussieht.

4) Der "böse Bulle" sollte Ihnen jetzt alle prüfenden Fragen stellen, die er im persönlichen Dreiergespräch den Interessenten fragen würde:

? *Was macht der Interessent beruflich?*
? *Was haben Sie vom Interessenten für einen persönlichen Eindruck?*
? *Sind Führungszeugnis und Schufa einwandfrei?*
? *Hat der Interessent Auto und Führerschein?*
? *Wie sieht es mit den technischen Voraussetzungen aus, sind PC und Telefon vorhanden?*

? *Ist der Interessent ein kommunikativer Mensch mit positivem Leumund?*

? *Hat der Interessent Talent im Umgang mit Menschen?*

5) Ihre Aufgabe als „guter Bulle" ist es nun, die Fragen an den Interessenten kurz weiterzuleiten und seine Antworten gegenüber dem „bösen Bullen" möglichst positiv zu verkaufen …, so nach dem Motto …

💬 *Ja, er / sie arbeitet schon lange und erfolgreich als XY oder in der XYZ-Branche …*

💬 *Ja, ich bin begeistert von ihm / ihr, weil …*

💬 *Ja, die finanziellen Verhältnisse sind geregelt …*

💬 *Ja, er / sie hat ein festes Einkommen …*

💬 *Ja, die Mobilität ist gegeben …*

💬 *Ja, die technischen Voraussetzungen sind gegeben …*

💬 *Ja, ich denke, er / sie hat ein gutes Feeling im Umgang mit Menschen …*

6) Nachdem Sie das Telefonat beendet haben, sagen Sie Ihrem Interessenten, dass Ihr Coach / Mentor oder Ausbilder immer ein wenig kritisch oder auch übervorsichtig sei, wenn es um die Zusammenarbeit mit Geschäftspartnern gehe, dass Sie aber in diesem Fall ein gutes Gefühl bezüglich

seiner positiven Entscheidung hätten und dass
Sie das schon hinbekommen würden.

7) Führen Sie das Gespräch zu Ende und leiten Sie
den Gesprächsabschluss – wie oben beschrieben
– mit der Markierung auf einer Skala von eins bis
zehn ein. Lassen Sie Ihren Interessenten auf diese
Weise „Farbe" bekennen.

8) Fragen Sie, was dem Gesprächspartner an diesem Job/Business/Gespräch besonders gefallen
hat, und schließen Sie die Unterhaltung mit einer
positiven Bestätigung der genannten Punkte ab.

9) Telefonieren Sie abschließend noch einmal kurz
mit der „höheren Instanz" und verkaufen Sie
Ihrem Interessenten dessen Zusage zu einer Zusammenarbeit möglichst positiv.

10) Melden Sie den Interessenten verbindlich für Ihre
Firmenpräsentation an oder schreiben Sie ihn für
Ihr Business ein.

ⓘ Abschlusstipp:

Um das Teamwork eines „guten" und eines „bösen Bullen" zu trainieren und zu perfektionieren,
empfehle ich immer ganz gerne den Besuch von

Flohmärkten. Mal abgesehen davon, dass Sie hier in der Tat perfekt feilschen und handeln lernen können, macht das Ganze auch noch einen irrsinnigen Spaß.

Wer die Gesetzmäßigkeiten eines Flohmarktes einmal durchschaut hat, der wird es wissen. Hier sind teilweise richtige Freaks am Werk, und hier gelten tatsächlich eigene Regeln.

Nachwort:
Erlebnis auf dem Flohmarkt

Ich stelle Ihnen das Szenario einmal anhand eines eigenen Erlebnisses dar. Meistens habe ich Flohmärkte mit meiner Freundin zusammen als Verkäufer besucht. Wir hatten also, wie das so üblich ist, einen Stand mit allerlei Ramsch zum Verkauf. Unsere Rollen waren auch von Beginn an ganz klar definiert, wie könnte es anders sein, sie war der „gute Bulle", ich war der „böse"!

Stellen Sie sich also vor, wir sitzen hinter unserem Verkaufstisch, und es kommt ein Interessent, der zum Beispiel eine Vase haben möchte. Er betrachtet das gute Stück und fragt, was wir dafür verlangen.

In diesem Moment antworte ich als „böser Bulle" mit einem unverschämten Preis, der zum Beispiel 50 Prozent über dem liegt, was wir eigentlich dafür haben wollen. Ich sage also: *15 Euro.*

Der Interessent sagt sofort Nein, schüttelt den Kopf und ist schon im Begriff weiterzugehen, als plötzlich meine Freundin (der „gute Bulle") ruft:
Nein, nein, die können wir doch viel günstiger hergeben, die können Sie für 12 Euro haben!

Flohmärkte sind das perfekte Trainingsgelände für zukünftige Sales- und Recruitingprofis.

Der Interessent bleibt stehen und sagt:
Ich gebe Ihnen 11 Euro!

In diesem Moment klinke ich mich wieder in das Gespräch ein:
Nein, das geht nicht, das ist doch die Vase von der Oma, wenn wir die überhaupt weggeben, dann nur für 15 Euro!

Der Interessent weiß, dass er über mich nichts erreichen kann, schaut deshalb meine Freundin an und fragt: *11 Euro?*

In diesem Moment antworte ich, ein wenig beleidigt:
Mensch, dann können wir gleich alles verschenken und müssten uns gar nicht mehr die Mühe machen, das ganze Zeug hierherzuschleppen. Wir wollen mindestens 12 Euro für die Vase, das ist mein letztes Angebot.

Der Interessent sagt:
Das ist zu viel!
Er schickt sich an zu gehen.

In diesem Moment faucht mich meine Freundin laut hörbar an:

*Steig höher ein,
denn nach unten
geht der Preis von
alleine!*

Mensch, immer dasselbe mit dir, du bist aber auch ein Dickkopf, so verkaufen wir gar nichts, das geht so nicht!

Daraufhin sage ich ein wenig angefressen:
Ach, dann mach doch, was du willst, wegen mir kannst du sie auch umsonst hergeben!

Genau in diesem Moment ruft meine Freundin dem Interessenten hinterher: *Halt, ich gebe sie Ihnen für 10 Euro!*

In dieser Sekunde schnappt die Falle zu, und im Kopf des Interessenten blinkt sofort die grüne Schnäppchenjägerlampe auf.

Er kommt zurück, schaut mich mit einem unmissverständlichen Gewinnerblick an, nimmt die Vase und reicht meiner Freundin einen 10-Euro-Schein.

Das Ende vom Lied ist, dass er ein gutes Gefühl hat, weil er der „Sieger" ist und mich massiv heruntergehandelt hat.

Wir haben ebenfalls ein gutes Gefühl, weil wir die Vase für den Preis verkauft haben, den wir dafür wollten. Ein klassische Win-Win-Situation ;-).

PS.: Auch wenn Sie alleine sind, kann diese Verhandlungsstrategie gut funktionieren, zu zweit können Sie allerdings eine richtige kleine Show daraus machen.

Ich wünsche Ihnen maximale Erfolge.

Und denken Sie immer daran:

There is no business like showbusiness!

Kontaktstark grüßt Sie Ihr REKRU-Tier
Tobias Schlosser

Mehr Erfolg mit den Tools
aus unserer Trickkiste!

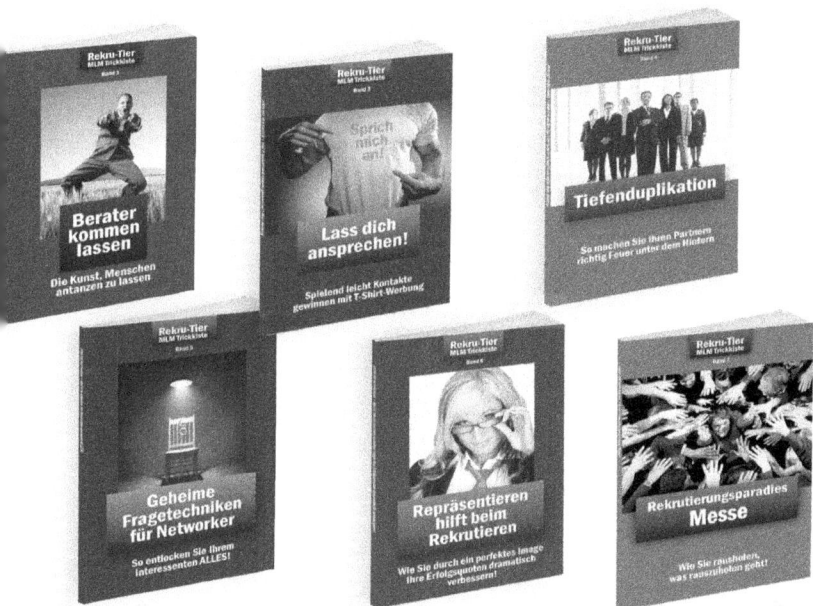

Direktkontakt-Profis aus Leidenschaft ...

Direktkontakt ist eigentlich die natürlichste Art der Kontaktaufnahme von Mensch zu Mensch. Doch warum fällt uns dieser Weg heutzutage so schwer, warum schaffen es nur so wenige, ein großes Network-Marketing aufzubauen?

REKRU-TIER beschäftigt sich seit vielen Jahren mit den Themen **Direktkontakt, Fremdkontakt und Direct Recruiting,** insbesondere **für MLM und Strukturvertriebe.** Ihr Wissen aus über 80 000 Direktkontakten geben die Trainer Rainer Freiherr von Massenbach und Tobias Schlosser in **Workshops, Schulungen / Seminaren** und in ihren **Büchern** weiter.

Die **REKRU-TIER-Methode** begeistert und erweist sich immer wieder als ein unschlagbares Erfolgskonzept.

... unterstützen Sie beim Aufbau Ihres Kontaktnetzwerks

„Sie treffen mit Ihren Buch- und Seminarinhalten den berühmten ‚Nagel auf den Kopf‘."

„Ich bin nun seit 30 Jahren aktiv im Vertrieb, Marketing und im Sales-Management vieler internationaler Großkonzerne und habe schon viele Seminare erlebt. Was aber Sie geliefert haben, hat in puncto Praxisbezug, Authentizität und Realität meine Erwartungen bei Weitem übertroffen."

„Man hat Ihnen in jeder Sekunde Ihr Engagement und Ihren Spaß angemerkt, was den Tag noch lebhafter und interessanter machte."

„Ein klasse Seminar. So viele tolle Beispiele und ‚gelebte‘ Erfahrungen."

„Was ihr beide da auf die Füße gestellt habt, ist der beste Beweis dafür, dass es nix Größeres gibt als eine Idee, deren Zeit gekommen ist."

(Kundenstimmen zu **REKRU-TIER**)

Informieren Sie sich noch heute unter

WWW.REKRUTIER.DE

Networker ohne Vertriebspartner?

Das A und O für jeden erfolgreichen Networker ist es, ein großes Team aufzubauen. In der Praxis oft gar keine so einfache Aufgabe: Wie und wo finde ich die richtigen Leute?

REKRU-TIER hat die besten Ideen dazu für Sie gesammelt und niedergeschrieben.

Sie erhalten komplett kostenlos alle drei Tage per E-Mail einen Tipp, wo / wie und in welcher Situation Sie an neue Geschäftspartner kommen.

Garantiert ist für jeden Networkertyp der ideale Ansatz dabei! Sie brauchen die Ideen nur noch umzusetzen …

Mit uns und unseren Gratistipps kein Thema!

99 TIPPS

WIE SIE AN NEUE GESCHÄFTSPARTNER FÜR IHR MLM KOMMEN

Melden Sie sich an unter
WWW.99SPONSORTIPPS.DE

Bibliografische Information der Deutschen Nationalbibliothek:
Die Deutsche Nationalbibliothek verzeichnet diese Publikation
in der Deutschen Nationalbibliografie; detaillierte bibliografische Daten sind im Internet abrufbar über
http://dnb.d-nb.de

ISBN 978-3-941412-26-2

Impressum:

Verlag:
REKRU-TIER GmbH, München
www.rekrutier.de

Autor: Tobias Schlosser
Covergestaltung: REKRU-TIER GmbH, München
Lektorat: Ute König, Kitzingen, und Bernhard Edlmann,
Raubling
Innenlayout und Satz: Bernhard Edlmann Verlagsdienst-
leistungen, Raubling

2. Auflage

www.ingramcontent.com/pod-product-compliance
Lightning Source LLC
Chambersburg PA
CBHW032307210326
41520CB00047B/2265